Links: Das Titelbild zeigt die verbliebenen Geschwister bei einem Geschwistertreffen in Oberweißbach im Thüringer Wald 2005. 1945 war die Familie nach Oberweißbach gekommen und fand hier eine neue Heimat. Es war so ein Treffen gemeinsam nach 60 Jahren nach der Vertreibung und Flucht aus dem Königreich Preußen, Provinz Schlesien.

Rechts: Das große Wappen unserer Familie, welches erst vor ein paar Jahren gefunden wurde im Kloster Hiltebold von Steinegg(e), Edler *1124 oder Henrici von Steinegg(e) * 1150. Oben rechts und links sind zwei Vorläufer Wappen unserer Familie, welche schon sehr alt sind.

Wer ist auf dem Foto?

vorn links	*Christoph*
Mitte links	*Christa*
hinten links	*Magda (verstorben)*
rechts vorn	*Heinz*
rechts hinten	*Hubert (verstorben)*

vorn Mitte auf dem gerahmten Bild ist unsere Mutter Ida Berta

Adelstitel Lord, Laird, Freiherr

von

Christoph a.d.F. Freiherr Steinig von Steinegg

Inhaltsverzeichnis

Adelstitel Lord, Laird, Freiherr

von

Christoph a.d.F. Freiherr Steinig von Steinegg

Sie möchten gern ein Laird oder Lord werden. Dies ist völlig gesetzeskonform. In Schottland sind solche vererbbaren Titel mit einem Stückchen Land verbunden. In dieser kleinen Broschüre wird beschrieben, was zu beachten ist, warum dies so in Schottland gehandhabt wird, ein wenig juristisches und was seriös und unseriös ist.

Dieses Buch widme ich meinem Bruder Heinz a.d.F. Freiherr Steinig von Steinegg [Steinig]

Es war sein Verdienst und seine Idee, daß wir zu unseren Ahnen fanden. Er steckte mich damit an und somit forschten wir beide seit dem 18. Lebensjahr nach unseren Ahnen, den Altvorderen, denn wir verdanken Ihnen, daß wir hier sein dürfen und sind durch sie geprägt. Es war so sehr viel unermeßliche Arbeit für uns.

Vorwort

Der Adel! Wer träumt nicht davon adelig zu sein. Es sind nicht alle Menschen, aber doch schon eine große Anzahl. Wer einen ganz starken Drang danach hat adelig, mit einem Titel zu sein, kann davon ausgehen, daß er adelig ist. Seine Vorfahren und Ahnen waren adelig, doch der Titel ging, aus welchen Gründen auch immer, verloren.

Dies ist dann schmerzlich, weil es in Deutschland an sich keine Möglichkeit gibt, den verlorenen Titel wieder zu bekommen. Selbst dann nicht, wenn dies durch ausreichende Ahnenforschung belegt werden kann. Der Forscher ist dann zwar stolz darauf, doch ist dies dann auch schon alles und dabei bleibt es.

Diesen Umstand haben wir alle, durch das Verlieren des 1. Weltkrieges zur verdanken. Der Kaiser mußte abdanken und mit ihm wurden alle Adelstitel als ungültig erklärt. Sie durften dann nur noch als Namenszusatz beibehalten werden. Da waren die Deutschen ja noch im großen Vorteil gegenüber den Österreichern, denn dort wurden selbst die Titel verboten. Mit welchem Recht, sei dahin gestellt. Dies kann höchstens in irgendeiner Wut auf die angeblich „Besseren" begründet liegen. Eine Logik jedenfalls ist darin nicht zu erkennen. Waren es doch gerade die Adeligen Menschen, die die Geschicke der Politik und des Staates in den Zügeln hielten.

Christoph a.d.F. Freiherr Steinig von Steinegg

Einleitung

Wer hat nicht schon davon geträumt, Graf, Freiherr, Fürst, Lord oder Ähnliches zu sein? Es gibt viele Menschen, die sich ein Wappen ersehnen. Ein Wappen, welches ja doch einen gewissen Flair von Romantik, Sehnsucht, Wünsche und Standesdünkel ausdrückt und allgemein in der Gesellschaft noch immer Anerkennung findet. Natürlich gibt es auch viele Menschen, die dem Adel mit Wut und Haß begegnen. Diese dürfen nicht als Maßstab angesehen werden, weil hier nur ein unbegründetes schlechtes Gefühl das Verhalten dieser Menschen steuert. Diese Menschen können kein Maßstab sein. Stolz sein auf seine Ahnen, ohne welche niemand hier wäre, kann ich nur als etwas Schönes und Lobenswertes ansehen. Dies läßt Respekt begreifen, ganz gleich wer was und wie früher war. Respekt gebührt immer den Vorderen (unsere Ahnen), denn auch sie hatten ihr Leben mehr oder weniger gut meistern müssen. Nicht nur das, sie leben in uns weiter und allein das gebührt großen Respekt und Achtung und Anerkennung.

Eines steht fest, wer einen Adelstitel besitzt und ein imposantes Wappen, wird ob er es selbst will oder nicht, mit etwas mehr Achtung behandelt. Es spricht dem ja auch nichts dagegen.

Was nun, wenn von Geburt an kein Adelstitel vorliegt und kein Wappen da ist? Der einfachste Weg bezüglich der Erlangung eines Titels wäre entsprechend aus Liebe zu heiraten. Doch wird dies sehr selten möglich sein, weil doch meistens auch in der heutigen Zeit gern noch der Adel nur Adel heiraten möchte. Ausnahmen gibt es immer. Gibt es nicht die Möglichkeit einer solchen Liebesheirat, ist eine solche Heirat auch gegen Zahlung einer horrenden Summe Geld möglich. Oder, wenn die Bedingungen stimmen, ist auch die Möglichkeit gegeben, sich adoptieren zu lassen, um an den Titel zu kommen. Auch hier sind die Beträge unerschöpflich hoch. Also bleibt diese Möglichkeit nur sehr wenigen Personen offen. Aber nicht zu vergessen bei all dem ist doch, daß der sich Adoptierende oder Heiratende trotzdem niemals ein echter Adeliger werden kann im Sinne eines entsprechenden

Stammbaumes. Aber sein Gefühl, daß er dann bekommt, soll ihn ja zufrieden stellen.

Durch die gesetzeskonforme Regelung, die ja besteht, darf sich heute jeder Mensch einen Adelstitel zulegen. Dieser darf dann jedoch nur als Namensergänzung geführt werden, ob dieser im Personenausweis *(Der staatlich geprägte Ausdruck Personalausweis ist falsch, wenn von einem Staat auszugehen ist, für eine Firma ist dies jedoch korrekt, bestätigt er doch zugleich eine Staatenlosigkeit)* steht oder nicht. Nach deutschem Recht darf sich jeder nennen wie er will.

Die Zulegung eines solchen Titels kostet auch viel Geld? Ist dies zu aufwendig? Zu teuer? Zu langwierig? Nein, dies ist heute wirklich für jeden und jede erschwinglich! Und noch legal, meistens jedenfalls. Hier ist darauf zu achten und ich empfehle dies auch selbst vorher noch zu kontrollieren, daß dieser Titel von keiner echten Adelsfamilie getragen oder dieser anderweitig schon geschützt ist. Denn dies kann dann auch wieder sehr teuer werden.

Lassen Sie sich von der Firma, für die sie sich und deren Titelangebot entschieden haben bestätigen, daß dieser Titel frei ist und sie, nach Erwerb berechtigt sind, diesen Titel zu verwenden. Das dieser Titel mit Name anderweitig nicht geschützt ist und von keiner echten Adelsfamilie verwendet wird. Achten Sie hierauf besonders.

Das Gleiche gilt für das Wappen. Lassen sie sich bestätigen, daß sie zum Tragen berechtigt sind und es keinerlei Schwierigkeiten geben wird. Denn auch die Verwendung eines Wappens kann sehr kritisch werden und auch strafrechtliche Folgen haben.

In diesem Buch werde ich bezüglich des Titels Lord und Laird berichten.

Schlaumeierei ersetzt den Adel erfolgreich

Vorbei sind die Zeiten, wo man sich für sehr teures Geld, in eine finanziell hoch gestellte Adelsfamilie einkaufen mußte. Vorbei sind die Zeiten in welcher jemand nur geadelt werden konnte, wenn er im Stande war, eine fast nicht zu bezahlende Summe Geld aufzubringen. Ja. heute wird dies belächelt, aber bereits vor Hunderten von Jahren mußte dafür bezahlt werden und das nicht zu knapp. Natürlich gab es auch die kostenlose Ernennung durch einen Landesfürsten, Kaiser oder König. Dies bedingte jedoch und setzte voraus, daß sich diese Person weit über ein übliches Maß hinaus, ganz besonders anerkennend bewährt hat. Zum Beispiel bei einer Schlachten Strategie und damit verbundene Erbeutung von immensen Reichtümer, die er dann seinem König· übergab. Zum Glück ist dies heute nicht mehr notwendig.

Heute gibt es den modernen Adel, den Adel der neuen Zeit. Warum auch nicht, was spricht dem entgegen. Wenn jemand daran Spaß und Freude hat, dies gesetzlich dazu auch noch vereinbar ist, ist dies doch wirklich in Ordnung. Die, die dagegen wettern haben irgendwelche Minderwertigkeitskomplexe oder Komplexe sich darstellen zu müssen. Sei ihnen verziehen!

Vorbei die Zeiten, wo auch ein sehr aufwendiger Papier- und Formularkrieg zu bewältigen war. Vorbei die Zeiten, in denen man einem halbseidenen Honorarkonsul sechsstellige Beträge überweisen mußte, um sich dann „Zweiter Earl von Ober-Hinter-Gondwana-Land" nennen zu dürfen.

Lords und Ladies werden heute schneller und vor allem billiger „gemacht". Allerdings beruht der vermeintliche Titel in erster Linie meist auf einer sprachlichen Schlaumeierei. Denn der „Lord" bezieht sich in diesen „schnell gebleichten" Fällen nicht auf den Adelstitel, sondern auf die englische Übersetzung aus dem irisch- oder schottisch-gälischen Sprachgebrauch: Wer nämlich in Schottland ein Stück Land besitzt, ist ein Laird – ein Landbesitzer, Grundherr, auch Gutsherr oder eben in der englischen Übersetzung ein Lord. Dasselbe gilt für Irland, wo der Landbesitzer „Tirana" heißt und im Englischen ebenfalls zum Lord mutiert. Bei uns in Deutschland, dem noch immer gültigen und existierenden Deutschen Reich (Sogar vom Bundesverfassungsgericht 1973 bestätigt), ist der Titel Tirana ja wirklich so gut wie unbekannt und könnte sogar aus dem Albanischen kommen. Dies wäre eine gute Frage in der Sendung „Wer wird Millionär".

Da aber die Landpreise in Großbritannien recht teuer sind, würde es auch damit Probleme geben, um an diesen Titel zu kommen. Zuzugeben, dieser Titel übt auch einen gewissen Reiz aus, zumal er sehr bekannt ist. Bekannt durch das so genannte Unterhaus der britischen Regierung.

Das Zauberwort heißt „Joint Ownership"

Im angelsächsischen Recht gibt es eine einfache Möglichkeit, um ohne großen Papierkrieg zu Land zu kommen. Es ist das so genannte Miteigentum oder auf englisch eben „Joint Ownership". Besitzt jemand Land, so hat er das gesetzlich verankerte Recht, andere Personen als Eigentümer teilhaben zu lassen. Hierzu genügt ein einfacher Vertrag, der bestätigt, daß eben der jeweiligen Person soundso viel Land von seinem eigenen Grundstück gehört. Dies kann gekauft oder geschenkt sein. Dazu ist kein Notar und kein Amt erforderlich. Also schon viel preiswerter als in Deutschland, wo alles nur durch einen Notar und in Verbindung mit dem Amtsgericht geregelt werden darf und dieser Vertrag erst dadurch Gültigkeit erlangt.

In diesem Fall allerdings ist ihr Mitbesitz dann ohne Schaden und ohne Nutzen für sie. Dies bedeutet für sie, daß sie ihr Land weder bebauen, weder vererben noch verkaufen können. Das wiederum hat aber den Vorteil, daß das Finanzamt auch nicht auf ihr Land zugreifen kann. Das ist doch auch etwas, nicht wahr?

Diese Besonderheit hat seinen Ursprung in der mittelalterlichen Organisation des Clans an sich. In der Regel und ganz allgemein üblich gehörte der Besitz, egal wie groß, dem Sippen-Oberhaupt. Die meisten Bewohner, die sich auf dem Großgrundbesitz befanden waren von den Clan-Bossen geduldet. Sie dürften das Land bebauen aber mußten dafür dem Clan-Oberhaupt auch kräftige Abgaben zahlen und sie hatten diese zu entrichten. Allerdings gab es auf solch großem Grundbesitz auch einige freie Landbesitzer, die aus dieser Regelung ausgenommen waren.

Um bestimmte Privilegien, welche nur den Landbesitzern vorbehalten waren, wie zum Beispiel etwa das Tragen von Jagdwaffen, für andere Clanmitglieder zu ermöglichen, führten findige Clan-Lords die Joint Ownership ein. Sie machten ihre Gefolgsleute zu Mitbesitzern, indem sie ihnen ein kleines Stückchen Land verkauften. Die Mitbesitzer galten dann auch als Laird oder

Tirana und durften diesen Titel zusammen mit dem Wappen des Clan-Lords verwenden, dessen Farben sie ja ohnehin schon im Kilt trugen.

Dieser Lord bedeutet so viel wie: Herr von Sherwood Forest (als Beispiel). Also kein Hochadel. Aber ich betone noch einmal, daß dieser Lord völlig gesetzeskonform ist.

In Schottland ist ein Laird ein Landbesitzer, welchem bestimmte Rechte zu eigen sind. Dieser Titel ist geschlechtsunabhängig. Damit aber dieser Titel in der neueren Zeit noch gesellschaftsfähiger wird wurde nun auch Lady, als das Gegenstück für Laird, eingeführt. In Schottland, Irland und England ist dieser Titel vererbbar, auch wenn er durch neueren Erwerb von Grundbesitz erlangt wurde. Die Größe spielt dabei keine Rolle, ob 1 Million Quadratmeter oder nur 0,05 m². Denn dieser Titel selbst ruht auf dem Land, nicht auf der Person, der das Land gehört. Also jeder der ein Stück von diesem Land besitzt darf sich so nennen. Dieser Titel kann als Landadel bezeichnet werden. Aber er ist kein Adelstitel, das ist der große und gewaltige Unterschied zu einem echten uradeligen Lord.

Die richtige Anwendung dieses Titels liegt in der Art, daß der Titel immer dem Vor- und Zunamen voran gestellt wird. Und nach dem Namen des Mannes oder der Frau kommt noch die Ergänzung mit dem Namen der Gegend, des Landabschnittes oder des Waldes und so weiter. Also die althergebrachte korrekte Bezeichnung wäre somit zum Beispiel: *Lord Hans Sandmann of Glenemare*, In der Tradition wird Laird oder Tirana mit Lord übersetzt, was aber nicht zu verwechseln ist mit den echten adeligen Lords, wie ich schon erwähnt habe. Dies ist wichtig zu wissen. Doch auch dieser einfache Lord hört sich irgendwie gut an.

Jedoch wird es sehr, sehr schwierig, diese Laird-/Lordtitel in der Bundesrepublik Deutschland als Zusatz eintragen zu lassen, weil sie ja eben nicht mit diesem Titel geboren wurden. Dies bedeutet, daß eben dieser gekaufte Titel nicht von den Eltern, durch die Geburt, übertragen wurde.

Eher möglich wäre ein Eintrag in den Personalausweis als: *Hans Sandmann Lord of Glenemare.* Dieser Eintrag darf, per Gesetz unter Ordens-/Künstlername eingetragen werden. Allerdings besteht dafür kein rechtlicher Anspruch und ist abhängig von dem Gutwill des Sachbearbeiters. Oder aber sie schreiben von irgend etwas ein dickes oder ein winzig dünnes Buch. Besser zwei, denn dann haben Sie zumindest Anspruch auf einen Künstlernamen. Dieser Künstlername sollte dann aber sofort, von Anfang an, auf jedem Buch aufgedruckt sein.

Trotzdem war es eine wirkliche Schnapsidee *(oder Whisky-Idee?)*, im wahrsten Sinne des Wortes, dieses Joint Ownership als moderne und neue Titelschmiede wieder zu entdecken. Es gibt ja so einige Menschen, die Ideen haben. Entweder kann man sie dazu beneiden oder den Hut ziehen. Nun, ich ziehe vor solchen Menschen den Hut, da nicht jeder Ideen hat.

Ein findiger Geschäftsmann einer kleinen aber feinen schottischen Whisky Destillerie stieß bei der Suche nach einem Werbegag für seinen Whisky, den er selbst als besonders gut hielt *(was ja stimmen kann)* auf das alte Joint Ownership Prinzip.

Als findiger und kluger Kopf, denn er wollte ja seinen Verkauf voran treiben, suchte er einen besonderen Werbegag. Juchhu, dachte er, daß ist es. Fluchs bastelte er wenig daran herum und wandelte ihn ein wenig ab. Er war stolz auf seine Idee.

Nun, was war denn seine Idee? Er verwandelte seinen Besitz in ein Land-Leasing. Seine Freunde seiner Whisky-Marke durften sich als bald als Landbesitzer, Landeigentümer eintragen lassen und zwar in das Joint Owneship. Sie erhielten einen Square Foot (grob 0,1 m²) des genau aufgeteilten und kartographierten Destillegeländes. Jeder Landeigentümer kann sein Stückchen Land, an Hand eines detaillierten Claim-Planes einwandfrei finden. Der jährliche Leasingzins besteht ein einem Drum also ein Glas Whisky. Allerdings ist es möglich diesen Leasing Zins nur einmal im Jahr und nur direkt in der Destillerie eingezogen werden, was ja keine große Schwierigkeit bedeuten dürfte.

Also kann dies mit Recht als eine wahre Schnapsidee, besser Whisky-Idee dieses Geschäftsmannes bezeichnet werden. Mich beeindruckt so etwas immer wieder.

Wenn sie sich einen solchen Titel anschaffen möchten, empfehle ich sehr dringend sich VOR dem Kauf damit zu beschäftigen, ob es dieses Land auch tatsächlich gibt. Ein solcher Betrüger ist jetzt erst aus eBay zwangsweise entfernt worden. Vielleicht sind da schon einige Menschen darauf herein gefallen. Doch dank der Aufmerksamkeit von 4micromax wurde dieser Betrüger entlarvt.

Ebenso ist dringend darauf zu achten, daß nach Kauf nie wieder irgendwelche Kosten auf sie zukommen. Niemals entstehen nachträgliche Kosten. Sollte dies bei einem Verkäufer der Fall sein, so ist dies unseriös.

Ist ein Laird- oder Lordtitel echt?

Die ritterliche Tugend sollte doch sein: offen und ehrlich. Deshalb folgt noch ein wenig Aufklärung. Aufklärung ist immer gut, auch wenn es vielleicht nur als Hintergrund Information dienlich ist und sie dadurch mitreden können, was ja auch schon eine gewisse Selbstsicherheit verleiht, auch ohne Titel.

Glauben sie also wirklich nicht, daß sie, wenn sie sich ein Stücklein Land anschaffen, dadurch echt adelig sind. Adelig mit einem riesigen Stammbaum und den dazu gehörenden Altvorderen, den Ahnen. Solche Titel können nicht gekauft werden. Entweder ist man dies oder nicht.

Ein Laird ist noch lange kein Sir oder Lord, es sei sie lassen sich adoptieren oder heiraten von Personen, die einen solchen vererbbaren Titel besitzen. Auch die Königin wird einen solchen nicht verkaufen oder verschenken. Diese Lordtitel stehen auf einer ganz anderen Stufe, obwohl es der gleiche Name ist. Das ist nun mal so. Punktum.

Trotzdem lesen sie jetzt richtig und ich habe mich nicht verschrieben, wenn ich sage, daß sie trotzdem alledem auch ein echter Laird oder Lord sind. Ein wirklich echter, Notfalls reiben sie sich mal ihre Augen und lesen dies noch einmal. Sie sind dann ein wirklich echter Laird oder Lord. Dies liegt daran, weil es tatsächlich die Ländereien und Besitztümer gibt.

Kaufen sie sich diesen Titel für wenig Geld, wenn sie Spaß daran haben. Denn dies zählt doch letztendlich wirklich. Führen sie diesen Titel auf ihrer neuen und schönen Visitenkarte, vielleicht machen sie sich auch einen Briefbogen dazu. Haben sie Spaß daran. Denn sie wissen ja gleichzeitig, daß sie mit diesem Titel und dem Stücklein Land mit einem wunderschönen Fleckchen Erde verbunden sind, auch mit seiner Geschichte. Verbinden sie sich doch damit. Machen sie einen Anfang um dieses schöne Land Schottland kennen zu lernen, mit einem solchen Titel.

Solche Titel sind wirklich waschechte Titel, noch echter, als die Adelstitel, die als Namenszusatz geführt werden dürfen. In der Geschichte von Schottland gab es diese Feudalherren, die Herren des Landes; über des Landes. Bestimmte Ländereien waren und sind einfach mit einem bestimmten Namen, in Verbindung mit dem Laird, verbunden. Normalerweise erbte der Erstgeborene dieses Land. Waren die Ländereien zu riesig bestand die Gefahr, daß der Erstgeborene vom Zweitgeborenen beseitigt wurde. Dieses Land mit dem uneingeschränkt damit verbundenem Titel wird weiter vererbt.

Interessant zu hören ist doch wohl, daß Brüder keine Möglichkeit sahen, daß Land zu teilen, weil es ja dadurch im Laufe der Zeit, immer kleiner würde. Gut, das ist auch verständlich, irgendwie. Aber deshalb sollten doch keine Brüder beseitigt werden. Jüngere Brüder mußten also dieses Land der Eltern verlassen und damit er sich und seine Familie ernähren konnte, blieb ihm nichts anderes übrig als auszuwandern. Er allerdings konnte somit aber den Titel Laird nicht tragen. Anders herum gesehen, konnte somit auch der Erstgeborene sicher seine Familie ernähren.

Hinzu kommt, daß auch in Schottland die Männerwirtschaft sehr stark vertreten war und ausgeübt wurde. Somit war es auch nicht möglich, daß dieses Land an Frauen oder Schwestern vererbt wurde, selbst wenn sie Erstgeborene waren. Daher, und dies ist die Grundlage, gab es auch keinen weiblichen Titel für Laird. Oder doch, vielleicht Lairdyn. Nein, nein, dies ist ein Scherz von mir. Nur in der heutigen Zeit, wo der neue Adel auf Vormarsch ist, wird für Laird, Lord auch schon Lady verwendet. Finde ich ja auch richtig. Die Frauen sind großartig und ohne Frauen gäbe es keine Männer. Dies wurde nur über Jahrtausende irgendwie übersehen.

Freiwillige Pflicht der Lairds

Die Größe des Grundstückes gibt es auch schon ab einem einzigen Quadratcentimeter. Sie könnten es also bequem ausgraben und mit nach hause nehmen. Nun ja, nur theoretisch, was ja praktisch nicht möglich ist. Was wäre, wenn dann noch jemand um sein Grundstück herum einen Zaun anbringen wollte. Wie sähe das ganze Schottland aus.

Der Hintergedanke, und dies ist der springende und gute Punkt, ist der, daß Land soll bleiben wie es ist. Damit soll Raubau verhindert werden, sowie Zerstörung der Landschaft und es soll auch keine Ausbeutung statt finden können. Übertriebener Tourismus, Anbau von einseitigen Kulturen, unkontrollierter Straßenbau und vieles mehr soll damit vermieden werden. Und dies gelingt damit auch sehr gut. Es ist also auch eine sehr gute und nachahmenswerte Idee und Strategie.

Durch die Kleinheit der Grundstücksgrößen wird vom „Ober"-Laird, dem das eigentliche ganze Land gehört, den neuen Landteilinhabern, also den Lairds für die einzelnen Ministücke, erlaubt, sein Grundstück zu betreten. Er darf dort wandern gehen. Und falls es dort einen See gibt, darf auch dieser benutzt werden. Meistens aber ohne Motor. Wie wunderbar und es geht auch so. Dadurch wird auch der Tourismus klein gehalten. Jedoch ist es den neuen „Teilhaber"-Lairds gestattet Gäste, Frauen und Kinder mit zu bringen. Aber darüber hinaus darf sonst niemand auf dieses Land.

Sollten sie sich entschließen solches Land zu kaufen werden sie als Besitzer auch eingetragen und zwar im „House of Administration" im Book of Lairds. Dies ist wichtig. Der Datenschutz ist groß und Dritte erfahren keinerlei Daten daraus. Sie erhalten einen Eigentumsnachweis in Form einer persönlichen Besitzurkunde und mit Angabe der Daten ihres Grundstückes, denn sie solle ja doch wenigstens wissen, wo dieses zu finden ist. Also ihr kleines Grundstücklein wird bei der Verkaufsgesellschaft eingetragen. Beachten Sie aber wirklich, und dies ist einfach so, daß es in Großbritannien dafür keinen notariellen Eintrag gibt, für das so genannte „Pocket-Land" (Taschenland, weil so winzig). Einen solchen Eintrag lehnt die britische Regierung ab. Das Verhältnis zwischen Grundstückswert und den anfallenden Kosten bei den Notaren und den Grundbuchämter stehen in absolut keinem Verhältnis mehr. Der Wert ist dafür einfach zu gering. Aber dies funktioniert auch so sehr gut.

Denken sie daran, daß doch auch ihre Seele zehrt. Sie sind glücklich, stolz und zufrieden. Es ist mehr ein ideeller Wert zu der Gemeinschaft der stolzen Lairds zu gehören, denn sie sind tatsächlich ein echter Grundstücksbesitzer mit einem dazu gehörenden Titel Laird oder Lord. Das ist auch der Grundgedanke der meisten Lairds.

Haben sie ein solches Grundstück gekauft, dann gehört es Ihnen. Wenn sie wollen dürfen sie dies auch verschenken und auch vererben. Der Titel gehört stets dazu.

Achten sie beim Kauf und Erwerb dieses Titels darauf. Sollte ihnen jemand mitteilen in seinem Angebot, daß der Titel und das Grundstück nicht verschenkt und nicht vererbt werden darf, dann ist dies schlichtweg unseriös. Suchen sie sich in diesem Fall eine andere seriöse Firma. Es gibt mehrere davon.

Juristisches

Was gilt es nun aber als frisch gebackener Lord oder eben eingekaufte Lady an juristischen Spitzfindigkeiten zu beachten, damit der Titel nicht zum Ärgernis wird? Eigentlich recht wenig, wobei man je nach Weltgegend, in der man sich herum treibt, mehr oder weniger dick auftragen darf.

In Ordnung ist der „Lord" allemal, wenn er ausschließlich als Übersetzung des schottischen oder irischen Originaltitels gebraucht wird. Über „Mister Max Musterbach, Laird of Scapa (Lord of Scapa)" werden selbst eingefleischte royalistische Engländer höchstens schmunzeln. Trägt derselbe Herr aber *nur* den Schriftzug: „Lord Max Musterbach" auf der Visitenkarte, könnte dies sehr wohl wegen Hochstapelei zu einer Innenbesichtigung eines britischen Knasts führen.

Dieser, zwar echte Lord-Titel, ist aber absolut nicht mit dem englischen Hochadel „Lord" in Übereinstimmung zu bringen. Dieser Titel sollte also nicht zu vollmundig verwendet werden. Werden Sie darauf angesprochen, so ist es ratsam, deutlich heraus zu stellen, daß sie ein Lord von einem Landbesitz sind.

Adelige Hoheiten sind nicht nur britisch

Ähnliches gilt auch für andere Länder. Es ist generell zu beachten, daß Länder mit aktiven Monarchien oder monarchischer Vergangenheit und Tradition hier meistens hellhöriger sind, als die guten alten Demokratien. Allerdings haben viele heutige Demokratien eben monarchistische Traditionen. Ist bei aktuellen Monarchien wie England, Schottland, Norwegen, Schweden, Dänemark, Holland, Belgien, Luxemburg und Spanien noch klar, daß Vorsicht geboten ist, vergißt man sich andernorts leichter. Aber auch Österreich, Deutschland, Frankreich, Italien, Portugal und Griechenland haben ihre Könige und Kaiser noch nicht allzu lange durch Kanzler und Staatspräsidenten ersetzt. In fast allen diesen Ländern finden sich denn auch juristische Spuren zum Gebrauch von

Adelstiteln, sei es durch Gesetze und Gesetzesartikel oder durch höchstrichterliche Urteile. Kritisch ist der Gebrauch eines solchen Titels in kommunistischen Ländern, da sehr verpönt. Für China, Nordkorea oder Vietnam also nicht zu empfehlen. In Rußland und Bulgarien sind im Moment politische Bestrebungen im Gang, den enteigneten Adligen zwar nicht die materiellen Güter, aber wenigstens die Titel wieder zurück zu geben.

Vorsicht geboten ist auch in Asien und der Golf-Region: Japan, Thailand und Nepal, um nur einige zu nennen, haben sehr dominante und präsente Königshäuser. Ganz zu schweigen von den Fürstentümern am arabischen Golf. Und aufgepaßt: Auch Länder wie Australien, Neuseeland, Südafrika und Kanada gehören noch immer in den Dunstkreis der britischen Monarchie...

Fazit

So lange der Verkäufer nachweisen kann, daß die verkauften Claims tatsächlich existieren, ist er auf der sicheren Seite und kann sich nicht vorwerfen lassen, er betreibe einen reinen Titelhandel. So lange der Käufer eines Titels nicht zu dick aufträgt und seinen Lord nur als Übersetzung des originalen Laird oder Tirana benutzt, ist auch er auf der sicheren Seite. Man sollte das neue Prunkstück des eigenen Persönlichkeits-Tunings also mit Köpfchen und maßvoll einsetzen. Dies ist sehr anzuraten, denn vergleichbar mit den Lords im Unterhaus ist dieser Titel nichts. Aber Sie wissen selbst, daß dies kein echter Adelstitel aus Ihrer Ahnenreihe sein kann. Es ist ein neuer Adel, der moderne Adel. Denn es gilt immer noch die alte Weisheit: „Wo kein Kläger ist, ist auch kein Richter!"

Wo den Laird-/Lord-Titel kaufen?

Ja, das ist eine berechtigte Frage. Wahrlich gibt es mittlerweile sehr viele Anbieter. Einer übernahm diese Idee von dem Anderen und der Andere wieder von dem Anderen. So ist das Geschäftsleben. Da werden selbst gleiche Texte übernommen ohne sich die Mühe zu machen, den Text einfach zu verändern. So sollte es nicht sein. Das ist, wenn es sich auch um ein Geschäftsmodell handelt, allein schon von diesem Standpunkt her gesehen unseriös und ziemlich einfach in der Einstellung.

Bei eBay werden es immer mehr verschiedene Anbieter. Bei wem soll was gekauft werden? Wer die Wahl hat, hat die Qual und die Qual kann ein böses Erwachen sein. Immer wieder erfahre ich, daß jemand reingelegt wurde oder der Kauf nicht ganz seriös ablief.

In mehreren Jahren ist mir eine Firma besonders aufgefallen, die sehr seriös und schnell ist. Sie ist sehr hilfsbereit, besonders freundlich und zuvorkommend. Ich teile nur die Fakten mit und selbst habe ich gar nichts davon. Die Fakten teile ich deshalb mit, da ich selbst schon reingelegt worden bin von einem Graf von L. und vielleicht kann ich auf diesem Weg dies einigen anderen Menschen ersparen.

Aber diese seriöse Firma, wie oben erwähnt, ist der Wegbereiter und eine der ersten, die sich mit der Idee des neuen oder modernen Adels beschäftigt hat. Ihre Erfahrung ist sehr groß, denn sie fing bereits 1999 damit an und schon seit 2002 ist sie bei eBay vertreten. Adelstitel in sehr großer Auswahl und ebenso eine wirklich große Auswahl an Laird-/Lord-Titeln ist ihre Stärke. Was besonders zu erwähnen sei ist, daß sie, unter Aufbringung von erheblich finanziellen Mitteln für diese Idee gerichtlich gekämpft *und* gewonnen hat. Das Kammergericht in Berlin hat alles völlig gesetzeskonform und als unbedenklich eingestuft. Also wirklich der Wegbereiter an welchen sich nun immer mehr andere Firmen heften.

Die Idee dieser Firma wird bereits von vielen Firmen kopiert, wodurch das Geschäftsprinzip und die Idee dazu praktisch von anderen anerkannt wird. Diese Anerkennung ist also so gesehen ein dickes Lob. Jedoch setzen sich damit die Nachahmer praktisch in das gemachte Nest und es sei dahin gestellt, ob dies seriös ist. Im Sinne des Gesetzes schon. Aber mit dem gesamten Geschäftsgebaren ist auch diese Firma das Vorbild. Alle Titel wurden vom Adelsverband geprüft und begutachtet. Hinzu kommt, daß viele Titel durch die Bundesrepublik, vertreten durch das DPMA, mittels einer Urkunde zertifiziert sind. Hier haben sie eine große Rechtssicherheit und niemand kann diesen Titel streitig machen. Eine unangenehme Aberkennung bleibt also erspart.

Ach so ja, nun wollen sie vielleicht diese Firma wissen. Ich habe also nur die Sachlage weitgehend dargestellt, wodurch die Neutralität meines Buches gewahrt bleibt. Es handelt sich um die Firma 4micromax.

Freiherr

Der Titel Freiherr hat zwar nichts mit Lord oder Laird gemeinsam. Jedoch werde ich auch den Adelstitel Freiherr ein wenig erklären.

Für Freiherr (Baron) wird der Höflichkeit wegen die Anrede Baron verwendet und er gehört zu den titulierten Adelstiteln. Für die Frau ist die Bezeichnung dann Freifrau (Baronin) und für eine unverheiratete Frau wird Freiin (Baroness) verwendet, was allerdings nicht mehr ganz so geläufig ist. Untitulierte Adelstitel tragen im Namen nur das „von".Ganz allgemein gibt es noch den Ritterstand und den Adelsstand, wobei Freiherr zu dem Adelsstand gehört.

Freiherr in sich geht auf die mittelhochdeutsche Sprache zurück, wo es da hieß vrìherre und freier Edelmann bedeutet. Freiherr als Titel wurde nur verliehen, wohingegen der Titel Reichsfreiherr zum Hochadel zählt und sie nur noch den König über sich hatten. Viele der Reichsfreiherren benutzten am dem 15. Jahrhundert von selbst meistens nur noch den Titel Graf. Landesfürsten verliehen später den Titel Freiherr nur noch als Anerkennung für besondere Dienste und diese zählten dann zu dem niederen Adel, waren jedoch keine Freiherren im ursprünglichen Sinn, so wie unsere Familie zum Beispiel, wir gehören dem hohen Adel an, denn uns wurde dieser Titel bereits am 3. Juni 1065 von Kaiser Heinrich IV, der Kaiser mit dem Gang nach Canossa (übrigens welch eine Anmaßung von der Kirche so etwas zu verlangen und nun ja, er hat es ja mitgemacht).

Auch die Freiherren hatten eine Krone und in der Krone war der Rang des Adels erkennbar. Die Freiherrenkrone bestand meistens nur aus einem Reif und oben mit 7 Perlen, welche auf erhöhten Zacken angebracht waren. Eine normale Adelskrone hatte nur 5 und eine Grafenkrone zum Beispiel 9 Zacken. Es gab auch flachere Krone, wobei dann die Perlen direkt am Reif befestigt waren.

Im 17. und 18. Jahrhundert waren die Anreden für Angehörige einer Freiherrenfamilie sehr wohlklingend: *Wohlgeboren, Hochwohlgeboren* oder *auch Hoch- und Wohlgeboren*.

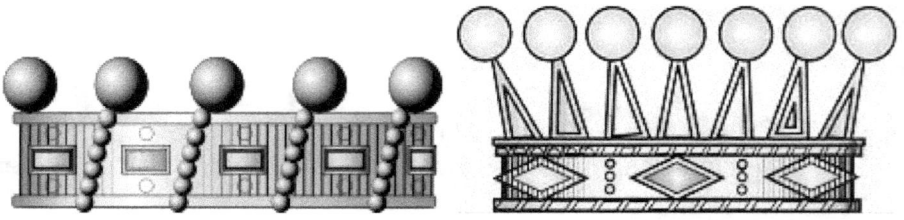

Alte Freiherrenkrone   Allgemeine Baronskrone
(beide Bilder Wikipedia entnommen)

Trotzdem möchte ich darüber ein paar Worte spenden, weil ich es hoch interessant finde, wie meine Familie zu diesem Titel kam. Unsere Stammburg Steinigunekka steht in der Schweiz zwischen Hutwil und Stammheim im Thurgau. Ersterwähnung nach unsicherer Quelle 650 und nach gesicherten Quellen ab 837.

Im Bodenseeraum gab es 1062 ein sehr schlimmes und starkes Erdbeben mit viel Zerstörung und Verwüstung. Aufgrund dessen zog ein Teil der Familie nach Wittlekofen bei Bonndorf im Schwarzwald und gründete dort ein kleines Kloster, damit sie in dieser Gegend besser aufgenommen wurde. Später baute sie die Burg Steinegg. Am 3. Juni 1065, also recht früh, verlieh Kaiser Heinrich der IV., übrigens ein Ururur…Großvater mütterlicherseits von uns, uns den Titel **Freiherr** und zwar mit folgendem Text:

„Et elatio adinspecto familiae de Steinegg nobilis
ingenuictas et universi generationi pastea.”

"Und Erhebung der adligen Familie von Steinegg,
mit Ansehen, in den Stand eines Freigeborenen
und aller nachkommenden Generationen.“

(Diese Übersetzung stammt nicht von mir, sondern von einem Lateinlehrer, da ich kein lateinisch kann. Die Urkunde selbst ist mehrseitig und ich habe nur diesen wichtigen Teil heraus genommen.)

Unser Titel Freiherr wurde bis zum heutigen Tag von Niemanden aberkannt oder annulliert. Somit besteht für unsere Familie weiterhin die Freiheit und dementsprechend verhalte ich mich gegenüber alle privaten „Ämtern" so, die ja nachweislich keine sind.

Ist das Verbot der Adelstitel überhaupt gültig?

N ein! Ich behaupte nein und da stehe ich absolut nicht allein da mit dieser Meinung. Es ist noch nicht einmal eine Meinung, sondern eine völkerrechtliche Tatsache.

Nun wird der Eine oder Andere sagen, schön, aber am 11. August 1919 wurde der Adel abgeschafft. Das ist so weit richtig. Doch von wem wurde er abgeschafft? Das ist der springende Punkt dabei. Doch war dies überhaupt rechtlich wirksam? Gleichzeitig ist mir dies völlig egal und nicht beachtenswert, da niemals nichtige Regierungen dazu das Recht haben und somit ist diese Entscheidung bis heute nichtig und bleibt nichtig. Warum?

Weil durch Putsch an die Macht gekommene Regierungen immer illegal sind, denn der Kaiser wurde gezwungen durch alle damaligen Umstände, abzudanken, quasi zwangsweise. Jeder kann dies selbst nachlesen. Außerdem war die Verfassung der durch die Alliierten aufdiktierten Weimarer Republik keine vom Volk gewählte Verfassung, also völkerrechtlich unabdingbar nichtig. Dies sei zu bedenken. Das Volk wurde nicht befragt, es wurde einfach von einer einzigen Person die Weimarer Republik ausgerufen und von den damaligen Alliierten so gewünscht, also illegal und nichtig bis zum heutigen Tag.

Darüber hinaus haben wir bis zum heutigen Tag keine legale, freie und staatliche Regierung mehr gehabt. Alles nur Firmen ohne staatliche Hoheitsgewalt, soweit ist die Entscheidung bis zum heutigen Tag ungültig und nichtig. Es waren nur Alliierten Bestimmungen. Völkerrechtlich auf jeden Fall nichtig.

Die heutigen Regierungen sind seit 1956 alle nichtig und illegal an der Macht, wegen Wahlbetrug im Großstil, was das Bundesverfassungsgericht per Urteil am 25. Juli 2012 feststellte. Absolut nicht verfassungskonform. Und somit trifft auf diese Regierungen voll umfänglich der § 129 des Strafgesetzbuches zu (möge jeder selbst nachlesen). Also alle Regierungen waren und sind verfassungswidrig. Frage an sie als Leser: Können illegale, verfassungswidrige und nichtige Regierungen gültige Gesetze hervor bringen? Darüber hinaus sind sie alle Firmen (schnell ist dies im Internet nachgesehen) und alle Gemeinden haben auf Befehl der EU auf ihre Bodenrechte verzichtet, welche aber jeder für sich wieder voll aktivieren kann.

Alle „Gesetze" haben außerdem nur ein **nichtamt**liches Inhaltsverzeichnis, also nicht amtlich, nicht hoheitlich, rein privat. Bei der UN sind seit 1990 unsere Regierungen (also genau genommen Konzernleitungen) als Nichtregierungsorganisationen NGO eingetragen, denn die BRD wurde 1990 aufgelöst. Jawohl, sie lesen richtig, vom amerikanischen Außenminister James Baker persönlich, durch Streichung des Artikels 23 aus dem GG und diese dann vorhandene Wirtschafts- und Verwaltungsgemeinschaft, die sich weiterhin BRD nennen wollte, wurde dann bei der UN (Organisation der Feindstaaten gegenüber dem Deutschen Reich) als NGO eingetragen, genau: Bundesrepublik Deutschland / Germany (Deutschland wurde nicht eingetragen), obwohl die sich so nennen, was nicht korrekt ist. Sehr wohl weiß ich, daß dies eine unumstößliche politische Tatsache ist, die niemand widerlegen kann.

ABER, da wir keine Demokratie haben herrscht Willkür und die haben den längeren Arm. Jedoch gültig ist es nicht, daß wir keine Adelstitel mehr haben dürfen, denn, und auch das ist nachprüfbar im Internet, ist das Recht vom Deutschen Reich vor 1914 der völkerrechtlich korrekte Rechtsstand und nur das zählt. Wer also, bitte schön, will uns tatsächlich verbieten, unsere Titel zu tragen?

Dies gilt aber nicht nur für mich, sondern für alle Adelsfamilien und Adelstitel.

Die „gesetz"liche Verordnung von 1919 ist ja nicht gültig, wie ich eben geschrieben habe und dies kann und darf jeder sofort im Internet gut fundiert nachlesen. Selbst der Bundestag hat aufgrund einer kleinen Anfrage der LINKEN 2015 bestätigt, daß das Deutsche Reich noch fort besteht. Es existiert mit all seinen Rechten fort, welche also gültig sind, nur mangels Organisation ist es nicht handlungsfähig, was selbstverständlich von den Deutschland zerstörenden Machthabern stets verhindert wird.

Fragen Sie doch mal die so genannten Ämter, für welchen Staat die arbeiten. Niemals werden Sie dazu eine Antwort bekommen, niemals.

Kenne deine Rechte und lebe danach

Wichtiges Nachwort

Nun mehr möchte ich noch darüber sprechen wie es sich mit diesem Titel generell verhält, was doch niemand anspricht. Zumindest habe ich keine Firma gesehen, die dies so klar und ehrlich darstellt. Doch hier Böses zu unterstellen sollte vermieden werden. Es kann sich dabei schlichtweg um fehlende oder falsche Kenntnisse handeln. Darüber hinaus schreibt eine Firma von der anderen ab und übernimmt mitunter falsches Wisse im guten Glauben.

Wie ich schon geschrieben habe, ist der Titel Laird in Schottland an ein Grundstück gebunden. Laird ist kein Titel im üblichen Sinn, hört sich für uns nur gut an. Es beschreibt den Inhaber mehr oder weniger, zum Beispiel Laird of Highland. Laird ist aber **nicht** gleich bedeutend mit Lord oder Lady und kann nicht einfach so übersetzt oder angenommen werden. Laird hat in England so gut wie keine Bedeutung, es ist ein schottischer „Titel", aber auf keinen Fall gleichbedeutend mit Lord oder Lady.

Nun kann ja wohl ein winziges Stückchen Land von vielleicht 30 x 30 cm schwerlich Grundstück, von der Auslegung des Wortes und der Sache her angesehen und genannt werden. Es ist eine Art Souvenirgrundstück und kann noch nicht einmal ordnungsgemäß registriert werden bei einer staatlichen Stelle, dem Register von Schottland. Natürlich möchte ich eingestehen, daß trotzdem alles ordnungsgemäß beim Grundstücksinhaber selbst festgehalten werden kann, doch berechtigt dies nicht zu einem Gebrauch der Bezeichnung Laird. Bei einem so kleinen Stückchen Land kann schwerlich von einer Beschreibung des Eigentümers gesprochen werden rund um sein Anwesen. Und somit gibt es keine offizielle Anerkennung eines Laird of Highland. Lord und Lady sind und bleiben ein Adelstitel und beziehen sich nicht auf ein Grundstück und sind nicht austauschbar gegen Laird und auch nicht umgekehrt. Was da so eingebürgert ist weiß ich nicht, aber ich empfehle gut vorher zu recherchieren. Geld auszugeben für etwas, was nicht real ist, ist nicht empfehlenswert. Es sind Anmerkungen eines Richters beim Lyon Court Gericht und er ist auch Minister der Krone. Schauen sie notfalls auf seine Webseite www.lyon-court.com/lordlyon/776.html.

In Schottland selbst kann sich jeder nennen wie er will, unabhängig von einem Grundstück groß oder klein. Es sind so genannte Höflichkeitstitel. Sie müssen da nichts kaufen. Nur, glaube ich, ist dies nur für in Schottland wohnende Menschen geeignet und nicht außerdem von Schottland, wenn ich dort nicht wohne. Vielleicht noch in englisch sprechenden Länder verwendbar. Hierbei ist absolut kein Rechtsdokument irgendwelcher Art erforderlich.

Warnen möchte ich auch vor der Firma: Großbritanniens offizielle Emittent Meister Titel Deeds & Deed Poll (Dokumentation) in Kiel. Es handelt um keine Regierungsstelle. Hier wird jeder belogen laut: translate.googleusercontent.com.

Allgemein schein hier generell ein Geschäft basierend auf einer Täuschung abzulaufen.

Klar möchte ich herausstellen, daß ich jeden sehr gut verstehen kann, der sich gern einen Titel zulegen möchte. Aber auf der Basis von 30 x 30 cm geht dies nicht und sich selbst der Lächerlichkeit preisgeben würde ich empfehlen, dies gut zu überdenken und vielleicht zu vermeiden.

Selbst bei Grundstücken mit 1000 Quadratfuß Größe könnte es vielleicht Probleme geben oder auch nicht. Aber sicherlich wäre da jemand gut beraten, sich erst mit einem schottischen Anwalt zu beraten. Hier würde ich unabhängig einer anwaltlichen Beratung auf jeden Fall eine Registrierung bei der staatlichen Stelle empfehlen. Wiederum bei einem Kaufpreis von grob £ 500 erhebt sich die Frage ob die Kosten für die Beratung bei einem Anwalt sich lohnen. Ich selbst würde mich hierbei dahin gehend so vertreten, daß ich mich Laird nennen würde. Lord ist eher nicht möglich, wie beschrieben. Dies bezieht sich auch auf Lord of Highland zum Beispiel, was zwar das Ganze abmildert aber Probleme könnte es trotzdem geben. Könnte, muß nicht, wo kein Kläger ist kein Richter. Auf jeden Fall aber ist es hierbei schon eher möglich sich Laird zu nennen. Doch sollte sich jeder selbst darüber Gedanken machen.

www.ingramcontent.com/pod-product-compliance
Lightning Source LLC
Chambersburg PA
CBHW060348290526
45791CB00004B/1587